Laurent Bertrel

Auto-coaching au quotidien

L'apport de la sophrologie

jouvence
EDITIONS

Extrait du catalogue Jouvence

Petit traité de contre-manipulation,
Yves-Alexandre Thalmann, 2008
Se désencombrer de l'inutile,
Rosette Poletti & Barbara Dobbs, 2008
Résoudre ses problèmes, c'est possible !, Julian Sleigh, 2008
Sophrologie pratique au quotidien, Christine Klein, 2007
Apprendre à s'aimer, Pierre Pradervand, 2006
Choisir ses émotions, Bernard Raquin, 2005
Émotions, mode d'emploi, Christel Petitcollin, 2003
S'affirmer et oser dire non, Christel Petitcollin, 2003
Ne plus se laisser manipuler, Bernard Raquin, 2003
Le secret des auto-massages chinois,
Sandra & Olivier Stettler, 2003

ÉDITIONS JOUVENCE
Catalogue gratuit sur simple demande
FRANCE : BP90107 – 74161 Saint-Julien-en-Genevois Cedex
SUISSE : CP 89 – 1226 Thônex (Genève)
SITE INTERNET : **www.editions-jouvence.com**
MAIL : info@editions-jouvence.com

ISBN 978-2-88353-716-3

Maquette de couverture : Éditions Jouvence
Dessin de couverture : Jean Augagneur
© *Photographies :* Laurent Bertrel
Photographe : Roland Schmid, www.schmidfoto.de
© *Illustrations :* Laurent Bertrel – Éditions Be your dream
Mise en pages : atelier weidmann, Versoix (Suisse)

Sommaire

Remerciements

Merci.

Avant-propos

Véritable outil de changement et de développement personnel, ce guide pratique d'auto-coaching et ses trente et une techniques aussi simples qu'efficaces, vous invite au mieux-être et vous offre, dès aujourd'hui, la possibilité de transformer positivement votre vie.

En utilisant cette méthode vous serez capable :

- ▷ de vous détendre et de vous relaxer pour mieux gérer votre stress avant qu'il ne vous gère ;
- ▷ d'évacuer et de vous libérer des tensions inutiles et dangereuses pour votre santé ;
- ▷ de nettoyer votre corps et votre mental pour éviter les maladies psychosomatiques ;
- ▷ d'optimiser votre potentiel physique en développant votre énergie et en facilitant votre récupération pour décupler vos performances ;
- ▷ d'optimiser votre potentiel mental en développant votre concentration et votre intuition pour plus d'efficacité et de créativité ;

- ▷ d'optimiser votre potentiel émotionnel en apprenant à lâcher prise pour ne plus être victime de vos émotions ;
- ▷ de transformer votre sensualité par un éveil des sens pour savourer totalement les cadeaux de la vie ;
- ▷ de vous faire du bien, de vous chouchouter pour jouir librement du plaisir d'être vous-même ;
- ▷ de dynamiser le positif en vous et de neutraliser le négatif pour révéler pleinement votre « être optimiste » et abonner votre pessimisme ;
- ▷ de booster votre moral pour mieux vivre la joie de l'instant présent et pour renforcer votre motivation à vous créer un futur positif…

Et bien d'autres choses encore qui ne demandent qu'à être découvertes…

Pour cela, il vous suffit de suivre le fil conducteur proposé ci-après puis d'ouvrir la boite à outils présentant ces trente et une techniques qui vont révolutionner votre vie.

Icônes infos

Les icônes que nous vous proposons ici et que vous trouverez régulièrement dans cet ouvrage, vous permettront de découvrir en un coup d'œil :

▷ **Le sujet abordé**

▷ **Le calendrier**

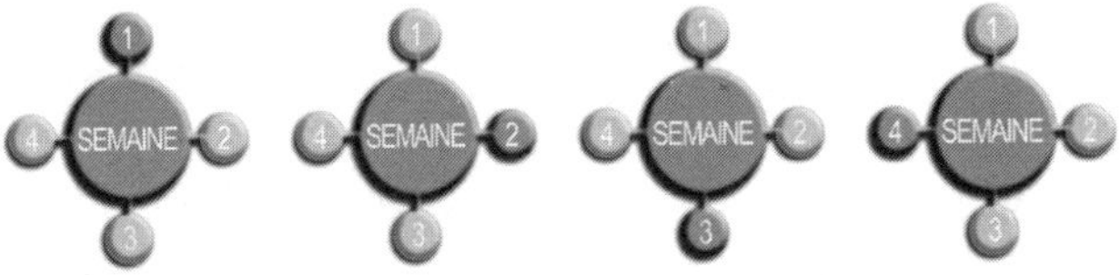

▷ La position recommandée pour débuter l'apprentissage

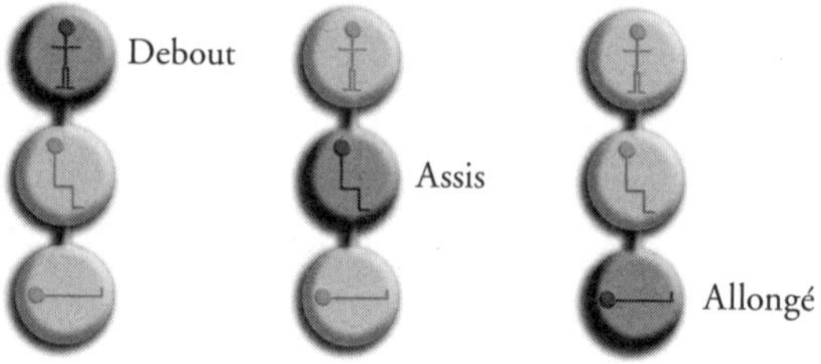

Comment utiliser ce livre ?

Voici quelques conseils d'utilisation de ce livre pour optimiser l'efficacité de votre pratique.

La méthode

Afin de rendre cet ouvrage encore plus efficace, nous vous recommandons de découvrir puis de ne pratiquer qu'une technique à la fois et dans l'ordre chronologique.

Même si le concept de base de cet auto-coaching est de réaliser une technique par jour pendant un mois, si vous n'avez pas le temps nécessaire, vous pouvez aussi opter pour une technique tous les deux jours pendant deux mois. À vous de définir votre programme dès maintenant en évitant de lire ce livre d'une traite sans pratiquer une seule technique.

Notez également que la régularité est très importante, car elle favorise grandement l'apprentissage et augmente considérablement l'efficacité.

Vous devez donc trouver (dans les 10 080 minutes d'une semaine) au moins dix minutes par jour pour votre plus grand profit. C'est à peine plus de temps que vous n'en consacrez au brossage de vos dents. Alors, de la même manière que vous vous brossez les dents tous les jours, faites un pacte avec vous-même en vous engageant à pratiquer quelques minutes chaque jour pour conserver un sourire radieux et pour croquer la vie à pleines dents.

D'autre part, nous vous conseillons de planifier vos rendez-vous avec vous-même, car le temps que vous ne trouvez pas sur votre agenda, vous le trouverez encore moins dans la réalité. Vous pouvez, par exemple, noter les dates de pratique sur le tableau de bord présenté ci-après.

Enfin, nous vous invitons également à utiliser les tableaux de bord suivants (un par semaine) afin de faciliter votre organisation, de noter votre progression et de favoriser votre apprentissage.

Tableau de bord – semaine 1

Exemple :

	Date*	Nom de la technique	Moment de la journée*	Lieu de pratique*	Échauffement réalisé*		Durée de la séance*	Effet*			J'aime*			Je refais*	Je commente* :
Jour 1	*29 janvier 2009*	Respirez	*Matin*	*Chambre*	Oui	Non	*10 minutes*	XXL	XL	S	✪✪✪	✪✪	✪	✓	Je suis plus calme. J'ai des sensations très agréables : chaleur et légèreté.

Jour 1		Respirez			Oui	Non		XXL	XL	S	✪✪✪	✪✪	✪		
Jour 2		Soufflez			Oui	Non		XXL	XL	S	✪✪✪	✪✪	✪		
Jour 3		Calmez-vous			Oui	Non		XXL	XL	S	✪✪✪	✪✪	✪		
Jour 4		Voyagez			Oui	Non		XXL	XL	S	✪✪✪	✪✪	✪		
Jour 5		Détendez-vous			Oui	Non		XXL	XL	S	✪✪✪	✪✪	✪		
Jour 6		Relaxez-vous			Oui	Non		XXL	XL	S	✪✪✪	✪✪	✪		
Jour 7		Décontractez-vous			Oui	Non		XXL	XL	S	✪✪✪	✪✪	✪		
Jour 8		Positivez			Oui	Non		XXL	XL	S	✪✪✪	✪✪	✪		

Mes impressions à la fin de la semaine*

Bravo ! Vous avez terminé la première semaine. Quelles sont vos impressions ?

***Légende :**

Date, moment de la journée et lieu de pratique : informations à noter le jour de la pratique ou, idéalement, à planifier dès le début de la semaine.

Échauffement : notez ici si vous avez réalisé un échauffement car cela a parfois une incidence sur l'effet de la technique (un échauffement insuffisant peut diminuer l'effet et vous obliger à refaire la technique).

Durée de la séance : notez ici le temps consacré à la pratique (il est possible de modifier la durée pour modifier l'effet).

Effet XXL = très gros effet ; *XL* = gros effet ; *S* = petit effet (si l'effet est très minime, relire le descriptif de la technique et la repratiquer dès que possible après un échauffement, en changeant le lieu et/ou le moment de la journée ou bien la durée de la séance).

J'aime : cochez cette case si vous avez apprécié la technique et pour la classer dans la liste de vos techniques favorites.

Je refais : vous pouvez refaire une technique aussi souvent que vous le souhaitez, notamment si vous pensez ne pas la maîtriser ou ne pas avoir obtenu le maximum d'effet.

Je commente : notez ici toutes les modifications apportées par cette pratique et donnez un nom à vos sensations (picotements, fourmillements, pesanteur, légèreté, chaleur, fraîcheur…).

Mes impressions à la fin de la semaine : notez ici vos impressions à la fin de votre semaine de pratique, régulièrement et tout au long de votre parcours, en comparant l'évolution.

Tableau de bord – semaine 2

	Date	Nom de la technique	Moment de la journée	Lieu de pratique	Échauffement réalisé		Durée de la séance	Effet			J'aime			Je refais	Je commente :
Jour 9		Pensez positif			Oui	Non		XXL	XL	S	✪✪✪	✪✪	✪		
Jour 10		Concentrez-vous			Oui	Non		XXL	XL	S	✪✪✪	✪✪	✪		
Jour 11		Voyez			Oui	Non		XXL	XL	S	✪✪✪	✪✪	✪		
Jour 12		Écoutez			Oui	Non		XXL	XL	S	✪✪✪	✪✪	✪		
Jour 13		Touchez			Oui	Non		XXL	XL	S	✪✪✪	✪✪	✪		
Jour 14		Sentez			Oui	Non		XXL	XL	S	✪✪✪	✪✪	✪		
Jour 15		Goûtez			Oui	Non		XXL	XL	S	✪✪✪	✪✪	✪		
Jour 16		Sensualisez			Oui	Non		XXL	XL	S	✪✪✪	✪✪	✪		

Mes impressions à la fin de la semaine :

Félicitations, car vous êtes déjà à mi-chemin ! Quelles sont vos impressions cette semaine ?

N'oubliez pas de prendre un instant de recul nécessaire pour comparer vos commentaires et impressions d'une semaine sur l'autre, afin d'en savoir plus sur votre évolution.

Tableau de bord – semaine 3

	Date	Nom de la technique	Moment de la journée	Lieu de pratique	Échauffement réalisé		Durée de la séance	Effet			J'aime			Je refais	Je commente :
Jour 17		Méditez			Oui	Non		XXL	XL	S	✪✪✪	✪✪	✪		
Jour 18		Ancrez une ressource			Oui	Non		XXL	XL	S	✪✪✪	✪✪	✪		
Jour 19		Visualisez et pré-voyez			Oui	Non		XXL	XL	S	✪✪✪	✪✪	✪		
Jour 20		Boostez votre moral			Oui	Non		XXL	XL	S	✪✪✪	✪✪	✪		
Jour 21		Positivez votre journée			Oui	Non		XXL	XL	S	✪✪✪	✪✪	✪		
Jour 22		Futurisez le positif			Oui	Non		XXL	XL	S	✪✪✪	✪✪	✪		
Jour 23		Neutralisez le négatif			Oui	Non		XXL	XL	S	✪✪✪	✪✪	✪		
Jour 24		Frappez fort			Oui	Non		XXL	XL	S	✪✪✪	✪✪	✪		

Mes impressions à la fin de la semaine :

C'est la semaine n°3 et vous êtes toujours là : bravo ! Quelles sont vos impressions cette semaine ?

N'oubliez pas de prendre un instant de recul nécessaire pour comparer vos commentaires et impressions d'une semaine sur l'autre, afin d'en savoir plus sur votre évolution.

Tableau de bord – semaine 4

	Date	Nom de la technique	Moment de la journée	Lieu de pratique	Échauffement réalisé		Durée de la séance	Effet			J'aime			Je refais	Je commente :
Jour 25		Ayez le dernier mot			Oui	Non		XXL	XL	S	✪✪✪	✪✪	✪		
Jour 26		Envoyez bouler			Oui	Non		XXL	XL	S	✪✪✪	✪✪	✪		
Jour 27		Étirez-vous			Oui	Non		XXL	XL	S	✪✪✪	✪✪	✪		
Jour 28		Chouchoutez-vous			Oui	Non		XXL	XL	S	✪✪✪	✪✪	✪		
Jour 29		Lâchez prise			Oui	Non		XXL	XL	S	✪✪✪	✪✪	✪		
Jour 30		Énergisez-vous			Oui	Non		XXL	XL	S	✪✪✪	✪✪	✪		
Jour 31		Félicitez-vous			Oui	Non		XXL	XL	S	✪✪✪	✪✪	✪		
Jour "32"...		Toutes nos félicitations car vous avez terminé ce programme. Vous pouvez à présent pratiquer en toute liberté et choisir chaque jour la technique dont vous avez besoin. N'oubliez pas que la régularité est essentielle et que l'important est aussi de s'amuser... Alors, amusez-vous bien !													

Mes impressions à la fin de la semaine :

Quelles sont vos impressions cette semaine ?

N'oubliez pas de prendre un instant de recul nécessaire pour comparer vos commentaires et impressions d'une semaine sur l'autre, afin d'en savoir plus sur votre évolution.

Mes impressions à la fin d'un mois de pratique :

Quelles sont vos impressions à la fin de votre parcours ? Qu'avez-vous le plus et le moins apprécié ? Comment voyez-vous la suite de votre pratique ?

La pratique

Avant de commencer votre séance et de réaliser une technique, assurez-vous toujours de créer une ambiance propice à la pratique. En effet, vous avez rendez-vous avec la personne la plus important, **vous**. Aussi, faites comme si vous accueilliez, pour la première, fois l'être que vous aimez le plus au monde et attachez-vous à rendre votre environnement le plus accueillant et le plus agréable possible. Pour ce faire, nous vous proposons de prendre modèle sur la check-list suivante.

Exemple de check-list ambiance

Voici quelques exemples :

Assurez-vous que rien ni personne ne viendra perturber votre pratique

- *débranchez le téléphone ;*
- *fermez la porte si vous êtes en intérieur.*

Aménagez votre environnement pour le rendre propice à la détente

- *choisissez un lieu aéré, tempéré et calme ;*
- *allumez une bougie ou de l'encens ;*
- *réduisez, si possible, l'intensité de la lumière et mettez une musique douce...*

Sélectionnez le bon support pour vous installer confortablement

- *utilisez un matelas ou une couverture pour une position allongée ;*
- *prenez une chaise pour une position assise ;*

- *restez les pieds nus dans l'herbe pour une position debout…*

Choisissez une bonne tenue vestimentaire

- *portez des vêtements amples ;*
- *ayez les pieds nus ;*
- *ouvrez votre ceinture, votre col de chemise, votre cravate…*

À partir de ces quelques exemples, imaginez à présent votre espace de détente et de pratique et réalisez, dès maintenant, votre propre check-list selon le modèle suivant :

Ma check-list ambiance

Pour ne pas perturber ma pratique

➔

Mon environnement

➔

Mon support

➔

Ma tenue vestimentaire

➔

Autre

➔

Faites un léger échauffement de votre corps avant de vivre votre séance. Pour ce faire, et en une minute seulement, frotter l'ensemble de votre corps comme si vous étiez sous la douche, en train de vous laver (commencez par la tête, puis le cou, la nuque, les épaules… et terminez par les pieds). Faites cela en étant présent c'est-à-dire en prêtant attention aux sensations que procure cette « douche sensorielle » bienfaisante. Un peu comme si vous aviez des yeux et des oreilles aux bouts de vos doigts…

Pratiquez si possible dans un endroit calme et approprié. En effet, vous pouvez réaliser ces techniques « quasiment » partout : chez vous, au travail, dans le bus ou le métro… (mais pas en conduisant votre véhicule, car votre conduite demande toute votre attention – il en est de même pour toute activité risquant de vous mettre en danger ou de mettre les autres en danger…). Vous verrez aussi qu'il est parfois très difficile de pratiquer certaines techniques (techniques n° 2 ou 5 par exemple) dans certains environnements (métro, bus…). Aussi, essayez de vous isoler pour ne pas déranger les autres et ne pas être dérangé par le regard des autres. Et même si vous êtes au milieu de la foule, regardez bien autour de vous, il y a toujours un petit endroit où pratiquer avec un minimum de tranquillité (les toilettes par exemple).

Idéalement, choisissez le moment de la journée qui vous convient le mieux : matin, midi, après midi, soir…

La posture recommandée (debout, assis ou allongé) est indiquée lors de la présentation technique, mais vous pouvez bien entendu, lorsque cela est possible, expérimenter les différences engendrées par une autre posture (et aussi par un autre moment de la journée, par un autre environnement, par un autre niveau de stress, ou même en compagnie d'une autre personne à qui vous pouvez expliquer la technique...).

À la fin de chaque technique, marquez toujours une courte pause (une minute minimum) pour bien percevoir et ressentir toutes les modifications apportées par votre pratique. Accueillez, par exemple, les sensations qui vous parviennent et donnez un nom à ces messages: chaleur, picotements, fourmillements, pesanteur... Vous laissez ainsi à votre corps la possibilité de récupérer et d'enregistrer les effets de la relaxation corporelle et de la détente mentale. Vous pouvez ensuite noter ces informations sur le tableau de bord prévu à cet effet (voir p. 13-17), puis les relire dans quelques jours ou quelques semaines afin de les comparer avec vos autres réponses: Quels sont les points communs? Quelles sont les différences? Qu'est-ce qui revient le plus souvent? Est-ce qu'une technique vous apporte plus qu'une autre?

Avec l'expérience de la pratique, vous pourrez ensuite faire, le même jour, plusieurs techniques à la suite les unes des autres, voire même créer vos propres techniques en combinant celles qui vous plaisent le plus. Sachez aussi que plus vous pratiquerez, plus ces techniques seront efficaces et plus vous aurez accès rapidement (et, à terme, automatiquement) aux effets souhaités.

Enfin, et ceci est sans doute l'information la plus importante, la pratique doit rester un jeu sans enjeux. Aussi, amusez-vous Prenez un maximum de plaisir et n'attendez rien en retour, car si vous voulez trop quelque chose, vous risquez fort d'en bloquer la bonne réalisation. N'attendez rien et vous aurez tout. L'état d'esprit idéal est donc le lâcher-prise qui vous invite, non pas à faire les techniques de façon parfaite et à être hyper-performant tout de suite, mais à faire de votre mieux. À éprouver de la joie et prendre du plaisir à ce que vous faites ici et maintenant, sans penser à ailleurs, hier ou demain. À apprendre à vous faire du bien, car personne ne le fera mieux que vous…

Synthèse – les sept étapes de votre pratique

1. Lisez et imprégnez-vous de la technique du jour.
2. Assurez-vous de l'ambiance (check-list ambiance).
3. Échauffez-vous.
4. Pratiquez la technique du jour.
5. Faites une pause.
6. Mettez à jour votre tableau de bord.
7. Sachez vous féliciter, car vous avez agi pour votre mieux-être…

La sophrologie

La sophrologie[1] a été fondée au début des années soixante par un jeune médecin neuropsychiatre espagnol, le docteur Alfonso Caycedo. En réponse à des procédés thérapeutiques qu'il juge inhumains (comme l'électrochoc), A. Caycedo envisage très tôt dans sa pratique professionnelle différentes orientations comme l'hypnose*[2] et la phénoménologie avant de partir étudier le yoga*, la méditation[3] et le zen*. Il rapporte de ce périple des techniques d'entraînements permettant le développement des potentiels physique, mental, émotionnel et spirituel d'un individu et qui serviront, en partie, de première base à la sophrologie.

---

[1] Le professeur Alfonso Caycedo est le fondateur et créateur de la sophrologie et de la sophrologie Caycédienne (marque déposée). Il est également l'auteur de plusieurs livres malheureusement indisponibles en français pour l'instant.

[2] Les mots marqués d'un astérisque (*) renvoient au glossaire.

[3] Voir technique « Méditez » page 59.

Véritable créateur, il est l'auteur de nombreux néologismes qui structurent sa méthode d'une manière unique et incomparable. Le meilleur exemple est le mot sophrologie qui est issu du grec.

Sos
(harmonie)
+
Phren
(esprit)
+
Logos
(science)
=
Sophrologie
(science de l'harmonie de la conscience)

Brièvement, la sophrologie est une approche humaniste qui étudie la conscience humaine. C'est une méthode pratique de restructuration fondée sur des techniques de relaxation corporelle et de détente mentale. Elle a pour postulat l'unité du corps et de l'esprit et vise l'autonomie de la personne. Son but essentiel est l'épanouissement de l'être et la transformation positive de son existence.

Les techniques révélées dans ce livre sont, pour la plupart, sophrologiques, mais certaines prennent leur source dans d'autres méthodes de développement personnel.

La relaxation

À cause de notre mode de vie et de son rythme un peu fou, nous accumulons au quotidien un grand nombre de tensions physiques et psychiques qui créent inévitablement en nous des tensions corporelles de types musculaires, articulaires ou respiratoires. Nous devons impérativement débarrasser notre corps de ces tensions afin de lui éviter une surcharge susceptible, à terme, de provoquer sa somatisation*.

Le corps étant lié à l'esprit, une tension corporelle est systématiquement assortie d'une tension mentale. Et puisque l'esprit est lié au corps, cette tension mentale va développer la tension corporelle qui, à son tour, va augmenter la tension mentale… et ainsi de suite.

Par exemple, l'arrivée soudaine d'une émotion va créer des tensions ; ces dernières vont amplifier l'émotion qui a son tour va créer d'autres tensions… et ainsi de suite. C'est une réaction en chaîne, un « cercle vicieux ».

Tout l'intérêt est là, car l'inverse est aussi vrai et cette réaction en chaîne est utilisée pour rendre le « cercle vertueux ». Puisque le relâchement musculaire induit une détente mentale, en modifiant l'état de contraction musculaire, il est possible d'agir sur la tension psychique et ainsi sur les troubles qui en découlent. Ceci est un procédé très simple que vous utilisez déjà naturellement tous les jours, pendant votre sommeil. En effet, l'idée de la relaxation consiste à obtenir en état d'éveil quasiment la même détente musculaire que pendant le sommeil.

La relaxation intervient aux trois niveaux de l'être (physique, mental et émotionnel) et sa pratique (notamment à travers les techniques proposées dans cet ouvrage) permet d'apprendre à se détendre physiquement, mentalement et émotionnellement.

Détente physique

Le principe de base est simple car après la contraction d'un muscle il n'a pas d'autre solution que de se décontracter, se détendre.

Ainsi, si vous vous concentrez sur vos contractions musculaires et sur votre respiration, vous permettez à votre corps d'avoir accès à la détente, de se relâcher, de récupérer plus vite et plus efficacement.

Détente mentale

Le principe de base n'est pas de chercher à ne pas avoir de pensée, mais plutôt de laisser passer les pensées comme les nuages passent dans le ciel.

Pour ce faire, installez-vous dans votre détente physique et soyez à votre aise avec vos productions mentales, c'est-à-dire acceptez la distraction de vos pensées, soyez-en simplement le spectateur.

Détente émotionnelle

Le principe de base est le suivant : n'étant plus attaché aux pensées, vous n'êtes pas connecté à vos émotions et cette déconnexion partielle vous ouvre les portes du mieux-être.

Le stress

Le mot *stress* a été inventé en 1950 par un médecin canadien spécialiste des états de choc, Hans Selye. Même si le mot est récent, le stress, lui, date de la nuit des temps (eh oui, Monsieur Cro-Magnon avait aussi du stress !). Il peut se définir comme la réponse de l'organisme, sous forme de tension, à la pression extérieure (agression : peur/colère ; situation de changement : naissance/joie, deuil/tristesse...).

L'organisme mis sous pression s'adapte en déclenchant un ensemble de réactions neurophysiologiques (nerveuses et hormonales) et de perturbations physiologiques (fatigue, tension musculaire...). Comme il est impossible de ne pas stresser, vous devez apprendre à transformer le « stress limitant » (ou « mauvais stress » qui paralyse, coupe l'élan et conduit souvent à l'échec) en un niveau de tension adapté à l'action, c'est-à-dire en un « stress aidant » (ou « bon stress » qui dope naturellement, dynamise et favorise la réussite). Cet apprentissage est relativement simple, car le stress est une tension ordinaire sur laquelle il est possible d'agir facilement.

Bien entendu, les techniques présentées dans cet ouvrage vous aident à transformer votre stress limitant en stress aidant pour doper votre dynamisme et vous accompagner vers la réussite.

Les trente et une techniques au quotidien

Comme l'idée est de ne consacrer que quelques minutes seulement à la pratique de ces techniques, toutes sont expliquées de la manière la plus simple et la plus précise possible en délaissant les informations inutiles.

D'autre part, une « phrase du jour » est également proposée et vous invite à la réflexion…

Alors, à vos marques, prêt, pratiquez !

Journée n° 1
« Respirez »

Un sage a dit que puisqu'il faut respirer pour vivre, il est bon de bien respirer pour bien vivre. L'idée principale de ces techniques de respiration est de vous permettre de respirer plus efficacement pour développer votre capacité respiratoire, augmenter considérablement votre production d'énergie (par l'apport d'oxygène qui est votre principale source d'énergie), nettoyer en profondeur votre corps (par le rejet des déchets comme le gaz carbonique) tout en favorisant une intense détente de votre corps, de votre mental et une meilleure maîtrise de vos émotions.

Vous allez donc ici mettre en place une « respiration ventrale » en utilisant au maximum votre ventre et au minimum votre cage thoracique.

Pour cela :

1. Main gauche sur le ventre, la droite derrière vous.
2. Expir par le nez : la main gauche appuie sur le ventre, la droite contrôle que le dos ne s'arrondit pas.
3. Inspir par le nez : le ventre se gonfle.

Et ainsi de suite, tout en douceur et pendant quelques minutes.

Puis, lorsque vous serrez à l'aise avec cette technique, continuez le même exercice, mais sans vos mains et allongez l'expiration au maximum, car c'est pendant l'expiration que vous vous détendez.

Attention à l'hyperventilation et au risque de perte d'équilibre dû à l'échange gazeux (oxygène – gaz carbonique) « trop » rapide. Aussi, dans un premier temps, ne faites pas cet exercice (et tous les exercices respiratoires) debout, mais plutôt assis, le dos bien droit.

LA PHRASE DU JOUR

« La seule limite à notre épanouissement de demain sera nos doutes d'aujourd'hui. »

FRANKLIN ROOSEVELT,
ancien président des États-Unis

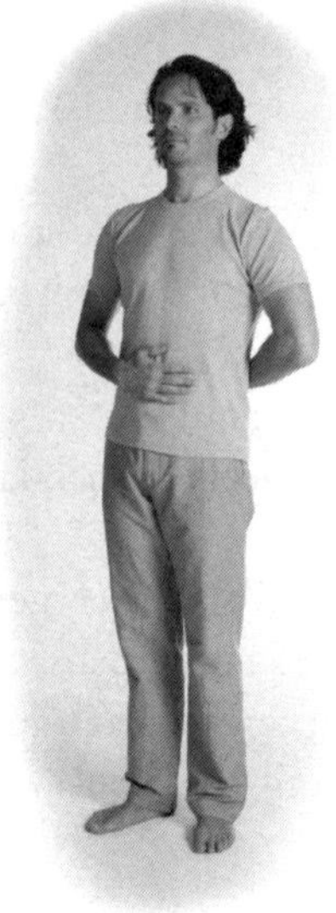
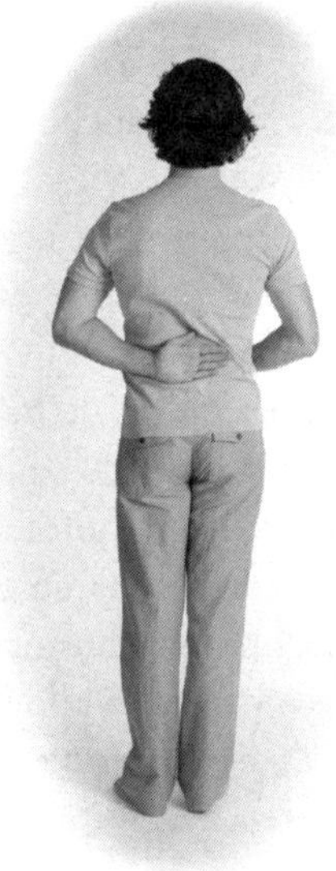
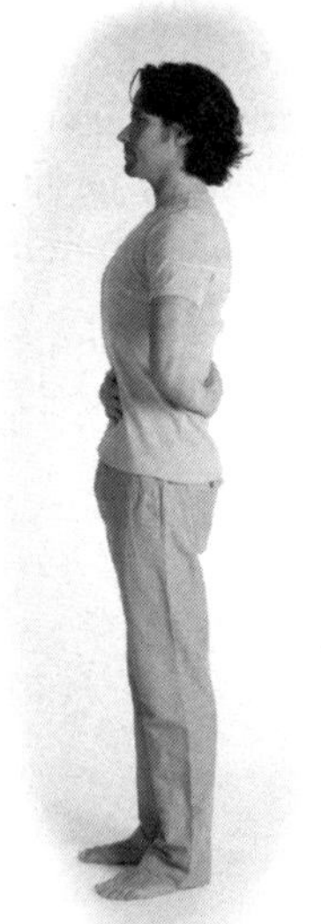
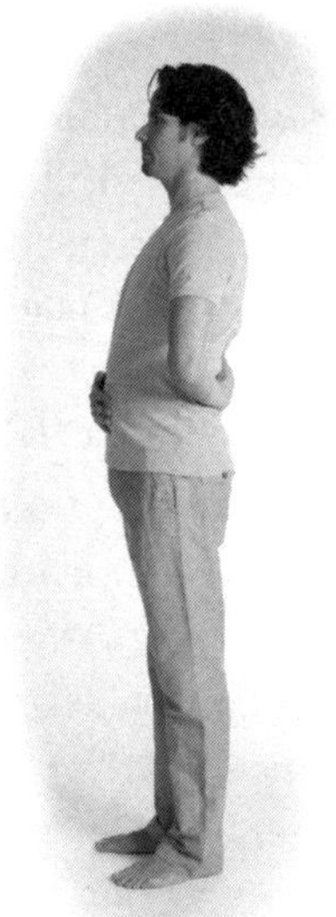

Journée n° 2
« Soufflez »

1. Mettez en place votre respiration ventrale.

2. En expirant par la bouche (le ventre se creuse), inclinez progressivement votre buste vers l'avant et

3. imaginez qu'avec l'air expiré, vous rejetiez tous les déchets de votre corps (gaz carbonique, impureté, négativité…) – comme si vous étiez en train de « vomir » votre dernier repas qui vous reste sur l'estomac…

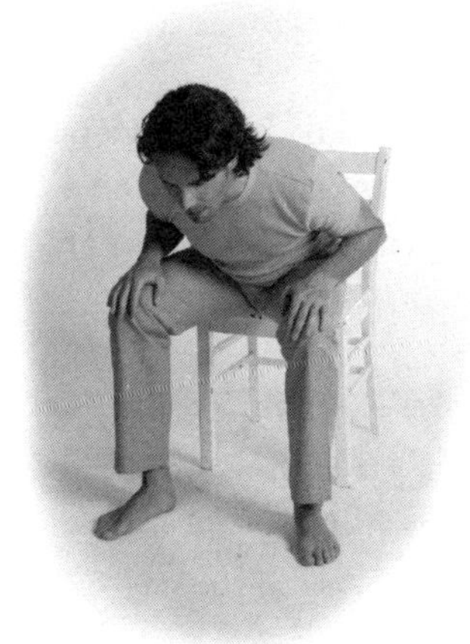

4. En inspirant par le nez (le ventre se gonfle), redressez progressivement le buste et imaginez qu'avec l'air absorbé vous absorbez de l'énergie (oxygène, pureté, positivité…) – comme si vous étiez en train de prendre un grand bol d'air pur à la mer ou à la montagne…

Faites cet exercice de « respiration zen » trois fois à fond en prenant conscience qu'à chaque inspir et qu'à chaque expir, vous êtes en train de nettoyer profondément votre corps.

LA PHRASE DU JOUR

« La vie est un mystère qu'il faut vivre, et non un problème à résoudre. »

GANDHI, philosophe indien

Journée n° 3 « Calmez-vous »

1. En utilisant votre respiration ventrale, sur chaque expir, vous allez associer un mot inducteur de lâcher-prise, une douce parole intérieure (prononcez mentalement cette induction de manière calme et lente).

Par exemple : « Calme » ou « Je suis calme. »

Pour amplifier l'effet, ralentissez la prononciation mentale du mot inducteur comme pour l'allonger : « Callllllllllllllllllme. »

Sur l'inspir, vous n'avez rien d'autre à faire qu'à laisser faire.

2. Après quelques instants, vous pouvez ajouter un mot inducteur de dynamisme et d'énergie associé à l'inspir (prononcez mentalement cette induction de manière énergique) : « Dynamisme » ou « Je suis dynamique. »

3. Laissez-vous bercer pendant quelques minutes par ce va-et-vient comme le flux et reflux d'une mer calme.

Expir
« Je suis callllllllllllllme. »
+
Inspir
« Je suis dynamique. »

Pour cet exercice, vous pouvez inspirer et expirer par le nez et/ou la bouche. À vous d'expérimenter en choisissant le mode qui vous convient le mieux et surtout qui est le plus efficace. Il en est de même pour les autres techniques ou le mode de respiration nez/bouche n'est pas précisé.

LA PHRASE DU JOUR

« L'homme qui ne se contente pas de peu ne sera jamais content de rien. »

ÉPICURE, philosophe grec

Journée n° 4
« Voyagez »

Après ces exercices d'introduction à la respiration, nous entrons à présent dans une autre dimension, celle du voyage intérieur. Laissez-vous guider pas à pas vers la découverte du monde merveilleux le plus passionnant, le vôtre.

Laissez-vous découvrir votre espace intérieur :

1. Mettez en place votre respiration ventrale comme vous savez maintenant si bien le faire puis ralentissez encore sa fréquence.

2. Suivez le trajet de cette respiration à l'inspir en commençant par l'air qui entre doucement par le nez, qui passe tranquillement dans votre trachée, puis dans vos bronches, bronchioles et jusque dans vos alvéoles pulmonaires qui se gonflent délicatement comme des petits ballons.

3. Puis suivez ce trajet à l'expir en repartant des alvéoles pulmonaires qui se dégonflent en douceur, pour passer lentement dans les bronchioles, les bronches, la trachée et sortir par le nez.

Faites cet exercice de voyage intérieur quelques instants et calmement, en prenant conscience des effets que produit votre respiration.

LA PHRASE DU JOUR

« Ne laissez personne venir à vous et repartir sans être plus heureux. »

MÈRE TERESA, religieuse indienne

Journée n° 5 « Détendez-vous »

Grâce aux exercices précédents vous avez déjà sans doute expérimenté une forme de détente physique et mentale. Nous entrons à présent au cœur de la relaxation et de la détente en utilisant l'outil le plus efficace, votre corps.

1. Comme le muscle n'a qu'une solution, se relâcher, se détendre après contraction, sur l'inspiration qui doit se faire par le nez, contractez, le plus possible, tous les muscles de votre corps puis bloquer votre respiration quelques secondes.

2. Relâchez ensuite d'un coup toutes les tensions sur l'expir (qui doit se faire par la bouche) pour détendre totalement votre corps.

Faites cet exercice trois fois à fond, mais en fonction de votre capacité physique et prenez le temps, sur une respiration normale (qui doit se faire par le nez), de marquer une pause de quelques secondes entre chaque contraction et décontraction.

LA PHRASE DU JOUR

« Qui domine les autres est fort.
Qui se domine est puissant. »

LAO-TSEU, philosophe chinois

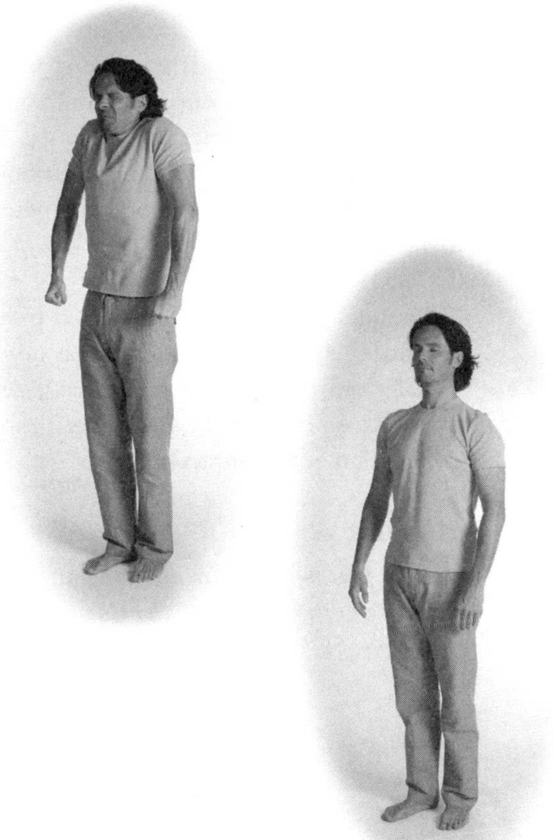

Journée n° 6 « Relaxez-vous »

1. Sur l'inspir, qui doit se faire par le nez, contractez le plus possible et progressivement votre corps en commençant par les pieds jusqu'à la tête.

2. Puis relâchez d'un coup toutes les tensions sur l'expir (qui doit se faire par la bouche) pour relaxer totalement votre corps.

Pratiquez cet exercice trois fois en prenant le temps, sur une respiration normale (qui doit se faire par le nez), de marquer une pause de quelques secondes entre chaque contraction et décontraction.

LA PHRASE DU JOUR

« Il ne faut pas attendre d'être parfait pour commencer quelque chose de bien. »

ABBÉ PIERRE, religieux français

Journée n° 7 « Décontractez-vous »

Sur l'inspir (qui doit se faire par le nez) contractez le plus possible une partie de votre corps, puis sur l'expir (qui doit se faire par la bouche) décontractez cette partie tout en éprouvant la sensation que cela vous procure. Par exemple, contractez l'ensemble de votre visage sur l'inspir, le reste du corps est détendu, puis décontractez votre visage sur l'expir et accueillez les sensations qui vous parviennent.

Faites cela trois fois en tout, avec une très courte pause entre chaque contraction et décontraction, puis passez à une autre partie de votre corps en descendant de la tête vers les pieds (après le visage vous pouvez passer au cou et à la nuque, puis aux épaules, aux bras, au buste, etc. jusqu'aux pieds).

Pensez à faire une pause de quelques instants lorsque vous passez à une autre partie de votre corps.

Variante

Avec l'expérience de la pratique, il vous sera ensuite possible d'affiner vos sensations corporelles pour mieux maîtriser votre corps, votre sensualité et votre détente en découpant les parties de votre corps d'une manière beaucoup plus précise. Par exemple, ce n'est plus le visage tout entier qu'il faut sélectionner, mais seulement le front qu'il faut froncer puis relaxer (trois fois de suite avec une très courte pause entre chaque contraction et décontraction) tout en accueillant les sensations qui vous parviennent.

Puis, après une pause de quelques instants, vous pouvez passer aux yeux (qui roulent dans leur orbite et dont les paupières se contractent), aux joues, à la bouche (lèvres, mâchoires, langue), etc.

LA PHRASE DU JOUR

« L'imagination est plus importante que le savoir. »

ALBERT EINSTEIN, physicien allemand

Journée n° 8
« Positivez »

À présent, voici le moment d'apprendre à passer d'un état limitant à un état aidant en utilisant notamment vos connaissances et les techniques de respiration et de relaxation que vous avez déjà expérimenté. Vous allez pour cela passer du négatif au positif en deux phases.

1re phase

1. Inspirez par le nez en contractant tous les muscles de votre corps (sur une échelle de 1 à 10, choisissez le niveau le plus proche possible de 10 en fonction de votre capacité physique ; ne cherchez pas la douleur, mais simplement une contraction intense) et laissez venir en vous le négatif [1].

2. Expirez par la bouche en décontractant le corps et en laissant sortir le négatif avec l'expir

---

[1] La négativité et la positivité s'inscrivent mieux en pensant à quelque chose de concret. Exemple de négatif : pensez avec précision et détails à votre crainte d'affronter une personne ou une situation.

(expirez avec la même idée que « La respiration zen – voir journée n° 2 »).

Prenez un temps de pause.

Puis recommencez le processus deux fois.

2e phase

3. Sur l'inspir (par le nez), mettez votre corps sous une tension douce qui vous soit agréable (sur une échelle de 1 à 10, choisissez le niveau 2), mettez un sourire sur vos lèvres et recueillez de la positivité[2] en vous.

4. Sur l'expir (par la bouche), vous relâchez toute tension et vous vous laissez aller sans rien retenir.

Prenez un temps de pause.

Puis recommencez le processus deux fois.

LA PHRASE DU JOUR

« À l'instant où l'esclave décide qu'il ne sera plus esclave, ses chaînes tombent. »

GANDHI, philosophe indien

---

[2] *Idem.* Exemple de positif : pensez avec précision et détails à vos meilleures vacances, votre meilleur souvenir.

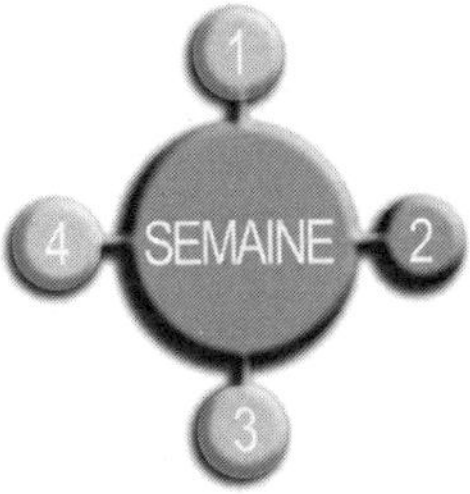

Journée n° 9 « Pensez positif »

Certains disent que la vie est un combat. Mais elle ne l'est que pour celui qui la voit comme un combat... Ce sont souvent les mêmes qui voient tout en noir et en oublient le rose et les autres couleurs...

Je vous propose ici de développer la « positive attitude » grâce à la pensée positive, car ce que vous entretenez dans votre esprit ici et maintenant produit des effets dans votre vie quotidienne et conditionne votre évolution et votre futur. Ainsi, si vous entretenez des pensées optimistes, vous favorisez une vie optimiste. Et, bien entendu, l'inverse est aussi vrai, c'est-à-dire qu'avec des pensées pessimistes, vous avez tendance à vous enfermer et à vous engluer dans le pessimisme.

À ce propos, êtes-vous généralement optimiste ou pessimiste ?

L'idée est de fixer vos pensées sur ce que vous voulez vivre et non sur ce que vous ne voulez pas. Comment faire ?

Faisons d'abord un exercice pour bien comprendre l'enjeu. Je vous demande de fermer les yeux et d'imaginer mentalement ceci : « Ne voyez pas une tomate rouge dans une assiette blanche. »

Vous avez sans doute vu la tomate ou l'assiette ou même les deux. Je vous ai demandé de ne pas voir et pourtant, vous avez vu. Ainsi, si vous utilisez une tournure de phrase avec une négation du type : « N'aie pas peur. » ou « Ne tombe pas. », il est fort probable qu'à ce moment précis vous ne ressentiez pas un état de sérénité. Au contraire, vous amplifiez la peur et les risques de tomber.

La solution est d'utiliser une tournure de phrase positive comme par exemple : « Sois confiant. » ou « Garde ton équilibre. »

Entraînez-vous aujourd'hui à vérifier la tournure de vos phrases…

LA PHRASE DU JOUR

« Ils ne savaient pas que c'était impossible, alors ils l'ont fait. »

MARK TWAIN, écrivain américain

Journée n° 10 « Concentrez-vous »

Avec la « positive attitude » étudiée précédemment, nous avons débuté l'apprentissage des techniques de préparation mentale. Comme vous le savez, le corps et l'esprit sont liés l'un à l'autre et vous pouvez accéder à la détente par le biais du corps ou par celui de l'esprit. En décontractant votre corps, vous favorisez une détente mentale. Et en stoppant les productions mentales parasites (comme les idées et pensées incessantes et automatiques, le retour au passé et les projections stressantes dans le futur), vous avez l'opportunité de favoriser une détente corporelle. Vous avez ainsi deux fois plus de chance d'accéder à la détente.

De plus, utiliser une technique de préparation mentale a aussi l'avantage d'être souvent plus discret que de pratiquer une technique physique plus spectaculaire (surtout pour les autres).

Nous allons donc, ici et maintenant, nous entraîner à nous relaxer mentalement en jouant avec notre distraction pour mieux apprendre à nous concentrer sur l'instant présent si essentiel, afin d'oublier le passé et le futur finalement si peu importants. En effet, tous les sages vous le diront, celui qui n'est pas heureux, ici et maintenant, ne le sera pas plus ailleurs et demain.

Pour ce faire nous vous invitons, sans plus attendre, à découvrir la technique suivante.

1. Choisissez un objet neutre, c'est-à-dire sans émotion qui lui soit attachée. Par exemple un arbre ou bien une bouteille d'eau en plastique.

2. Faites-vous en une représentation mentale et plus particulièrement :

▷ regardez ce qu'il y a à voir, peut-être sous des angles différents ;
▷ écoutez ce qu'il y a à entendre ;
▷ ressentez et sentez ce qu'il y a à ressentir et à sentir.

L'idée principale est de ne pas vous crisper sur cet objet, mais plutôt de jouer avec votre distraction. Concentrez-vous sur cet objet neutre, puis laissez-vous capter par votre distraction quand surgissent les pensées (ou les bruits extérieurs).

Comme le dirait un maître zen, laissez aller ces pensées comme les nuages passent dans le ciel, car il ne sert à rien de souffler sur les nuages pour avoir du ciel bleu. Il ne sert à rien de souffler (même très fort) sur les pensées pour les faire partir. Comme les nuages ne perturbent pas la surface de l'eau, les pensées ne doivent pas non plus vous perturber. Acceptez donc cette distraction puis revenez en douceur à votre objet neutre.

Et ainsi de suite, sans tension, pendant quelques instants…

Comme toujours à la fin d'une technique, prenez le temps de faire le point sur ce que vous avez vécu et expérimenté, en marquant une courte pause.

LA PHRASE DU JOUR

« Ce que d'autres ont réussi, on peut toujours le réussir. »

ANTOINE DE SAINT-EXUPÉRY,
écrivain et aviateur français

Journée n° 11
« Voyez »

Poursuivons cette préparation mentale et, pendant plusieurs jours, vous allez vous concentrer sur l'un de vos sens d'une manière différente.

Commençons par le canal visuel – la vue. Pour ce faire, portez toute votre attention sur vos yeux, les paupières fermées. Puis frotter vos yeux délicatement comme une caresse avec le bout de vos doigts. Et pour éprouver plus de sensation, bougez doucement vos globes oculaires de la manière suivante :

- ▷ tout d'abord dix fois de haut en bas et de bas en haut ;
- ▷ puis dix fois de gauche à droite et de droite à gauche ;
- ▷ et enfin en rond cinq fois dans le sens des aiguilles d'une montre et cinq fois dans le sens inverse.

Puis imaginez ce que vous verriez si vos yeux étaient ouverts. Que voyez-vous ? Est-il possible de voir avec autre chose que vos yeux ?

Enfin, ouvrez les yeux et prenez le temps de regarder autour de vous ce qu'il y a à voir...

LA PHRASE DU JOUR

« Plus on vit moins on pense, plus on pense moins on vit. »

ARNAUD DESJARDINS, auteur français

Journée n° 12 « Écoutez »

Continuons cette découverte sensorielle par le canal auditif – l'ouïe. Ainsi, les yeux fermés pour faciliter votre concentration, portez toute votre attention sur vos oreilles. Touchez-les, comme pour les masser. Visualisez-les à gauche et à droite de votre tête. Visualisez ensuite la forme de votre oreille gauche. Puis celle de votre oreille droite.

Écoutez les sons que vous percevez à gauche et ceux que vous percevez à droite. Puis ceux que vous percevez tout près et ceux que vous percevez au loin.

Le silence existe-t-il vraiment ? Qu'entendez-vous ? Soyez actif et captez un son. Enfin, soyez passif et laissez-vous capter par un son…

LA PHRASE DU JOUR

« Le bonheur est un parfum que l'on ne peut répandre sur autrui sans en faire rejaillir quelques gouttes sur soi-même. »

RALPH EMERSON, philosophe américain

Journée n° 13
« Touchez »

Poursuivons cet apprentissage par le canal kinesthésique – le toucher. Portez toute votre attention sur vos mains et regardez-les. Visualisez votre main gauche et votre main droite. Bouger votre main gauche et serrez votre poing. Puis faites de même avec la main droite. Ensuite, serrez vos mains l'une contre l'autre. Puis prenez conscience du toucher en sentant les différents tissus de vos vêtements. En sentant votre peau. En sentant un objet proche de vous.

Vos mains sont prêtes à accueillir des sensations. Aussi, que sentez-vous ?

LA PHRASE DU JOUR

« La sagesse qu'un sage cherche à communiquer à toujours un air de folie. »

HERMANN HESSE,
écrivain suisse d'origine allemande

Journée n° 14
« Sentez »

Continuons cette étude par le canal olfactif – l'odorat. Portez toute votre attention sur votre nez. Touchez-le comme pour le masser. Visualisez-le de face et de profil. Faites bouger vos narines. Puis la narine gauche et la narine droite.

Humez l'air sans doute un peu plus frais à l'inspir qu'à l'expir. L'air est porteur de senteurs de toutes sortes.

Aussi, que sentez-vous ? Soyez actif et captez une odeur. Puis soyez passif et laissez-vous capter par une odeur…

LA PHRASE DU JOUR

« Pourquoi vivre à deux si c'est pour vivre à moitié ? »

LUC PLAMONDON, auteur québécois

Journée n° 15
« Goûtez »

Terminons cette redécouverte de nos sens par le canal si cher à notre tradition culinaire, le canal gustatif – le goût. Portez toute votre attention sur votre bouche. Touchez vos lèvres du bout des doigts, vos joues et votre mâchoire à pleines mains. Bouger vos lèvres, vos joues et votre mâchoire et promenez votre langue dans votre bouche, votre palais, sur vos lèvres et vos dents. Visualisez votre bouche en imaginant vos lèvres, votre langue, votre palais, vos dents…

Vous avez en mémoire tous les goûts comme le salé, le sucré, l'acide et l'amer. Revivez-les les uns après les autres et pendant quelques instants.

Et si vous goûtiez quelque chose de concret à présent ? Et si vous goûtiez quelque chose sans pouvoir le toucher, le voir ou le sentir. Aurait-il le même goût ?

Exceptionnellement, nous vous invitons à découvrir dès aujourd'hui la technique de demain.

LA PHRASE DU JOUR

« Tant qu'un homme n'a pas découvert quelque chose pour lequel il serait prêt à mourir, il n'est pas à même de vivre. »

MARTIN LUTHER KING, pasteur américain

Journée n° 16 « Sensualisez »

Pendant plusieurs jours, vous avez centré votre pratique sur un sens en particulier. Aujourd'hui vient le moment d'unifier vos sens en les utilisant tous.

Pour cela, il vous suffit de réaliser cette nouvelle technique le plus souvent possible pendant toute votre journée. Le but du jeu est de prendre conscience d'un maximum de sensations. Ainsi, tout au long de votre journée, de son début à sa fin, vous allez jouer avec vos sens.

Par exemple, l'expérience commence dans votre lit en vous étirant et en éprouvant vos sensations corporelles de légèreté, de lourdeur, de fraîcheur, de pesanteur, de raideur ou d'engourdissement. Elle se poursuit en prenant votre petit-déjeuner en humant les parfums du café noir, du thé à la menthe ou du chocolat chaud et en regardant attentivement le fruit coloré, le toast grillé ou le croissant doré que vous vous apprêtez à déguster en prenant pleinement conscience de leur goût, de leurs saveurs.

Elle continue sous votre douche en ressentant l'effet tonique ou relaxant du gel douche mousseux et parfumé à la vanille, de l'eau chaude, tiède ou froide couler sur votre corps peut-être encore un peu somnolant.

Et ainsi de suite…

Bref, tout est prétexte à vivre de manière sensorielle votre journée.

Pour cela, vous l'avez compris, diversifiez votre vocabulaire, utilisez un maximum d'adjectifs et ne vous limitez pas seulement à : « C'est bon ou c'est mauvais », « C'est agréable ou c'est désagréable. »

LA PHRASE DU JOUR

« On cesse toujours d'être le numéro 1 mais on ne cesse jamais d'avoir été le premier. »

FRÉDÉRIC DARD, romancier français

Journée n° 17
« Méditez »

Après avoir découvert des techniques principalement corporelles ou mentales, nous allons à présent nous intéresser à la méditation qui unifie le corps et l'esprit. Elle est sans doute l'une des plus connues pour son efficacité et peut-être aussi pour son mysticisme. Il existe plusieurs manières de méditer (en fonction de son origine : yoga, zen, méditation dite tibétaine…) mais sachez que la méthode n'est qu'un moyen et non la méditation elle-même.

L'idée générale est de pratiquer en étant assis d'une certaine manière, sans but ni esprit de profit (dit le maître zen). Ainsi, le pratiquant n'a « qu'une seule chose à faire », être assis en posture juste (voir ci-après), se concentrer sur la tenue de son corps et sur sa respiration (sur l'expiration plus particulièrement) sans chercher à atteindre quoi que ce soit. L'esprit est vide et ne s'attache à aucune chose, à aucune pensée.

Il semble qu'ainsi, en revenant sans cesse sur sa concentration (corps/respiration) et en laissant passer les pensées comme les nuages passent dans le ciel[3], la pensée consciente s'arrête d'elle-même et l'inconscient peut s'éveiller (élargissement de la conscience et développement de l'intuition).

Voici comment faire:

1. Asseyez-vous sur le bord de votre chaise pour placer correctement votre bassin, c'est-à-dire en le basculant doucement vers l'avant sans créer de tension au niveau des muscles lombaires*.

2. Les pieds sont en contact par leur face palmaire et les bords externes des pieds sont au contact du sol.

3. La colonne vertébrale se redresse, le dos est droit et le sommet du crâne pousse vers le ciel.

4. Le cou est détendu grâce au menton légèrement rentré vers l'intérieur.

5. Posez la main gauche dans la main droite, pouces en contact par leur extrémité.

6. Les épaules tombent naturellement, rejetées en arrière.

---

[3] Revoir si nécessaire la technique de l'objet neutre – «Concentrez-vous» page 49.

7. Détendez votre ventre pour laisser le souffle de la respiration ventrale faire son travail.

8. Puis concentrez-vous sur cette posture et sur votre respiration (avec la même idée que pour la technique « Concentrez-vous[4] »).

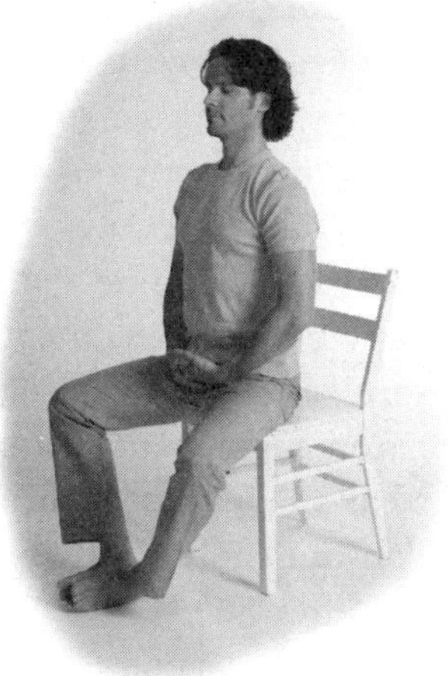

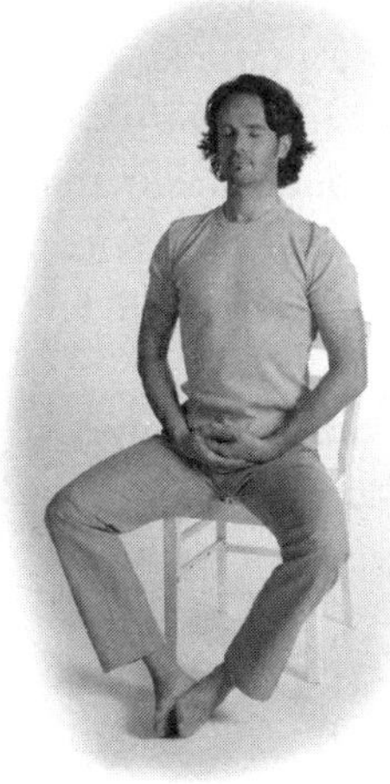

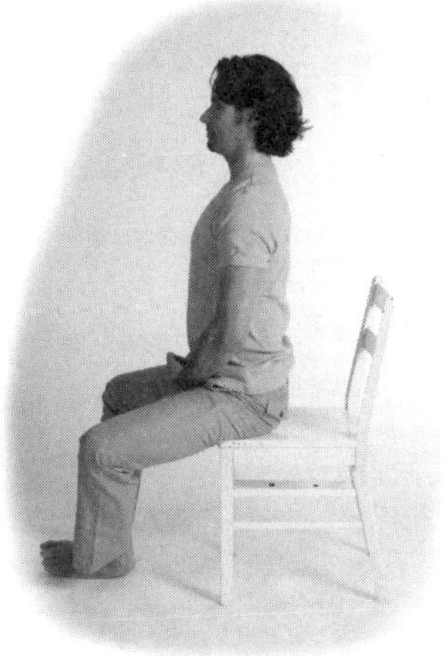

[4] *Idem.*

Pour la première séance, quelques minutes suffisent. Encore une fois ne cherchez pas la douleur, car vous êtes là, avant tout, pour vous faire du bien. Ce qui ne veut pas dire, évidemment, qu'il ne faut pas chercher à faire des efforts pour progresser.

Du coup, avec la pratique, vous pourrez ensuite allonger la durée à votre convenance, car chaque expérimentation vous apportera son lot de bienfaits et de surprises.

Si la méditation semble être votre voie, vous pouvez bien entendu continuer à pratiquer de la sorte, assis sur votre chaise ou sur un zafu*, ou encore sur un petit banc étudié pour la méditation (seul ou en groupe, en intérieur ou en extérieur, dans un endroit calme ou bruyant, car l'énergie est différente).

Mais vous pouvez aussi, si vous en éprouvez le besoin, chercher à trouver une autre méthode plus en rapport avec vos aspirations.

LA PHRASE DU JOUR

« Ne demeure pas dans le passé, ne rêve pas du futur, concentre ton esprit sur le moment présent. »

BOUDDHA, sage indien

Journée n° 18 « Ancrez une ressource »

Voyons aujourd'hui comment créer la ressource dont vous avez besoin pour vous aider à mieux vivre une situation vécue comme problématique.

1. Choisissez l'état interne qui correspond le mieux à la situation (par exemple, être calme) puis, posez-vous la question suivante : « Existe-t-il un inconvénient (pour vous ou pour les autres) à mettre en place cet état intérieur ? »

Si oui, trouvez un autre état interne qui soit mieux adapté.

Si non, continuez.

2. Trouvez ensuite un moyen d'entrer dans cet état. Par exemple, vous pouvez revivre le moment où vous avez déjà expérimenté cet état.

3. Lorsque vous êtes en contact avec cet état et que son intensité est presque à son maximum, ancrez-le en fermant l'une de vos mains pendant quelques secondes.

Répétez l'expérience trois fois.

4. Enfin, vérifiez votre « ancre » en contractant votre poing.

Si vous « réexpérimentez » facilement l'état interne que vous avez choisi, tout va bien, l'ancrage est réussi. Sinon, vous devez reprendre l'étape 3 ou vérifier qu'il n'y a vraiment pas d'inconvénient.

Ainsi, chaque fois que vous désirerez entrer à nouveau dans cet état interne, il vous suffira de fermer le poing pour l'expérimenter automatiquement.

Attention, à la désactivation naturelle de l'ancre. En effet, si vous ne l'utilisez pas, cet « ancrage de ressource » finira par disparaître (il ne s'use que s'il n'est pas utilisé).

LA PHRASE DU JOUR

« Les gens réfléchissent trop à ce qu'ils doivent faire et trop peu à ce qu'ils doivent être. »

MAÎTRE ECKHART, dominicain allemand

Journée n° 19 « Visualisez et pré-voyez »

Voici un bon moyen de vous préparer un avenir accueillant et positif grâce à la visualisation. Pour ce faire :

1. Déterminez le contexte (où, quand, avec qui, dans quelles circonstances…) et la manière dont vous souhaitez le vivre.

2. Fermez les yeux, puis lancez la visualisation en vous imaginant évoluer dans le contexte exactement comme vous souhaitez le vivre dans le futur.

Voyez ce qu'il y a à voir, entendez ce qu'il y a à entendre et ressentez ce qu'il y a à ressentir.

Collectez le maximum de détails et n'oubliez pas que les modifications de dernière minute sont toujours possibles. Aussi, « pré-voyez » plusieurs scénarios.

LA PHRASE DU JOUR

« Piètre disciple, qui ne surpasse pas son maître ! »

LÉONARD DE VINCI, peintre et inventeur italien

Journée n° 20 « Boostez votre moral »

Vous n'avez pas le moral au beau fixe ? Tant mieux ! Voici une bonne occasion d'expérimenter cette technique qui vise à booster votre moral.

1. Fermez les yeux et évoquez ce que vous aimez faire concrètement et qui vous procure vraiment un réel plaisir. Attention, il ne s'agit pas seulement de ce que vous aimez ou de la personne que vous aimez. Soyez concret et prenez comme exemple : « J'aime faire du golf. » ou bien : « J'aime faire un gâteau. » ou encore : « J'aime prendre un bain de soleil à la plage. »

2. Puis, voyez ce qu'il y a à voir, entendez ce qu'il y a à entendre et ressentez ce qu'il y a à ressentir.

Prenez tout le temps nécessaire pour profiter des bienfaits de cette visualisation et accueillez à bras ouverts tous les bénéfices.

LA PHRASE DU JOUR

« Un bon arbre ne peut porter de mauvais fruits, pas plus qu'un mauvais arbre n'en peut porter de bons. »

SAINT MATTHIEU, évangéliste

Journée n° 21 « Positivez votre journée »

1. Selon le même principe que la technique précédente, fermez les yeux et concentrez-vous sur un moment agréable de votre journée (à venir si c'est le début de votre journée, ou passé si c'est la fin de votre journée).

2. Pendant quelques instants, connectez-vous avec toutes les sensations positives de ce moment si agréable et si bénéfique pour vous.

Voyez ce qu'il y a à voir, entendez ce qu'il y a à entendre et ressentez ce qu'il y a à ressentir pour mieux profiter des bienfaits de cette visualisation.

LA PHRASE DU JOUR

« Nous ne saurons jamais tout le bien qu'un simple sourire peut être capable de faire. »

MÈRE TERESA, religieuse indienne

Journée n° 22 « Futurisez le positif »

Aujourd'hui, vous allez programmer votre futur d'une manière positive et voici comment faire.

1. Fermez les yeux et partez d'un événement qui vous tient à cœur et dont vous souhaitez un futur positif (naissance, travail…), puis visualisez-en l'évolution sur une ou deux années.

Surtout laisser faire votre imaginaire et ne cherchez pas à intellectualiser, car il s'agit d'un travail instinctif et créatif.

Faites-vous confiance et laissez faire votre intuition et votre imagination. Par exemple, peut-être allez vous imaginer ce que vous allez gagner et peut-être perdre, etc.

2. Voyez ce qu'il y a à voir, entendez ce qu'il y a à entendre et ressentez ce qu'il y a à ressentir pour « pré-voir » votre avenir d'une manière positive.

Faites cet exercice pendant quelques minutes et tirez-en les conclusions qui s'imposent (par exemple, devez-vous modifier quelque chose pour que l'évolution de cet événement soit en accord avec ce que vous en attendez ?).

LA PHRASE DU JOUR

« Agissez pour ce monde comme si vous deviez vivre mille ans, et pour l'autre comme si vous deviez mourir demain. »

MAHOMET, prophète

Journée n° 23 « Neutralisez le négatif »

Parfois, un souvenir émotionnel négatif (une dispute, un petit échec…) peut fortement vous perturber et vous empêcher de vivre bien et sereinement l'instant présent. Aussi, vous allez dès maintenant apprendre à vous débarrasser non pas du souvenir, mais de son effet négatif, c'est-à-dire votre état intérieur limitant (colère, agressivité, honte...).

Et voici comment.

1. Assis sur votre chaise et avant de fermer les yeux, choisissez parmi les trois possibilités ci-dessous que vous connaissez déjà :

▷ **vous concentrer**[5] **sur un mot inducteur de lâcher-prise, de calme** (uniquement sur l'expir comme vous l'avez déjà pratiqué lors de l'apprentissage de la technique « Calmez-vous », page 37) ;

▷ **vous concentrer**[6] **sur une image neutre** (visualisation d'un objet neutre comme vous l'avez déjà pratiqué lors de l'apprentissage de la technique « Concentrez-vous », page 49) ;

▷ **vous concentrer**[7] **sur votre corps** (sur n'importe quelle partie de votre corps ou sur votre poing ancré d'un état interne aidant comme vous l'avez déjà pratiqué lors de l'apprentissage de la technique « Ancrez une ressource », page 63).

---

[5] Revoir si nécessaire les techniques « Concentrez-vous » et « Méditez ».

[6] *Idem.*

[7] *Idem.*

Une fois ce choix effectué, n'en changez plus et débutez la technique en restant concentré pendant toute la séance soit sur le mot inducteur et l'expiration, soit sur l'image d'un objet neutre, soit sur la partie de votre corps.

Ceci est primordial pour rendre la technique efficace.

2. Puis, évoquez pendant quelques instants le souvenir émotionnel négatif (la dispute ou sa représentation visuelle, par exemple) tout en restant centré sur votre choix (mot, image neutre ou corps).

C'est à ce moment que se produit la « neutralisation » en « désactivant » l'ancrage souvenir connecté à l'état intérieur limitant.

3. Recommencez le processus si nécessaire pour faire disparaître l'état intérieur limitant.

LA PHRASE DU JOUR

« Tous peuvent entendre mais seuls les êtres sensibles comprennent. »

KHALIL GIBRAN, poète libanais

Journée n° 24
« Frappez fort »

C'est assez ! Trop, c'est trop ! Ras le bol !

C'est la goûte d'eau qui fait déborder votre vase et vous allez craquer ? Ne restez surtout pas dans cet état et agissez aussi vite que possible. En effet, vous devez impérativement évacuer le trop plein d'énergie, car la conserver en vous serait très nuisible pour votre santé. Il vous faut donc passer à l'action mais en contrôlant vos actes.

Voici une technique qui permet d'évacuer d'une manière écologique votre surplus d'énergie.

1. Debout les bras le long du corps, fermez les yeux et faites-vous une représentation mentale de la situation à l'origine du problème (par exemple, s'il s'agit d'une dispute vous pouvez placer juste devant vous la tête de la personne avec laquelle vous vous êtes disputé).

2. Sur l'inspir, levez le poing gauche sur l'épaule gauche. Stoppez votre respiration et visualisez l'élément négatif de la situation qui vous pose problème (la dispute – la tête de la personne…) tout en faisant des petits cercles rapides de votre poing pour faire monter la tension à son

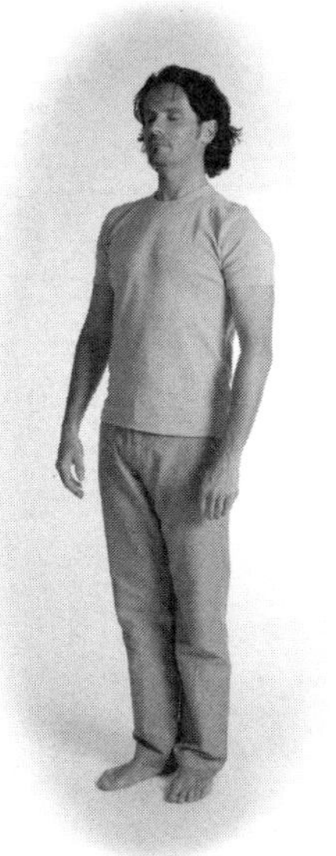

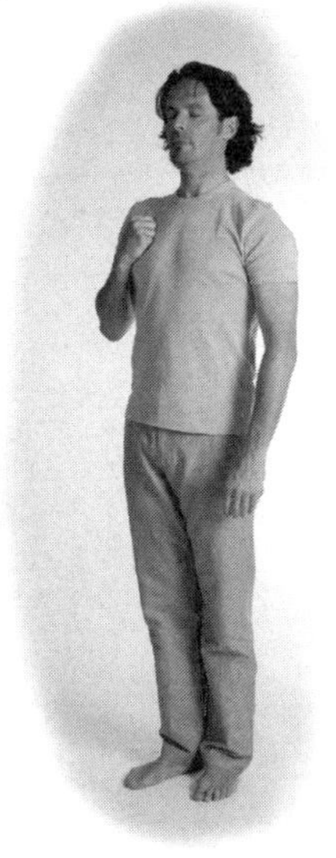

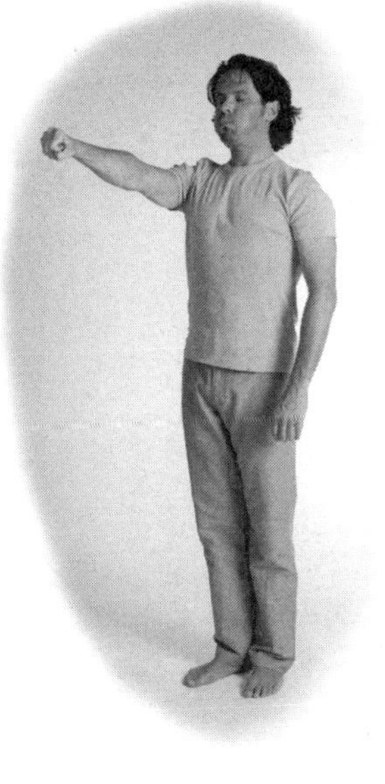

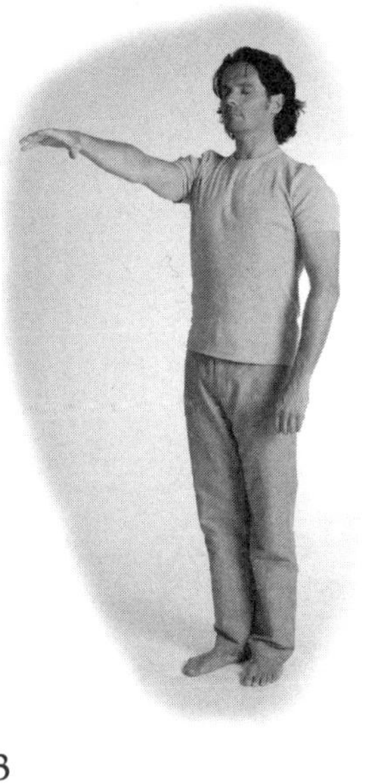

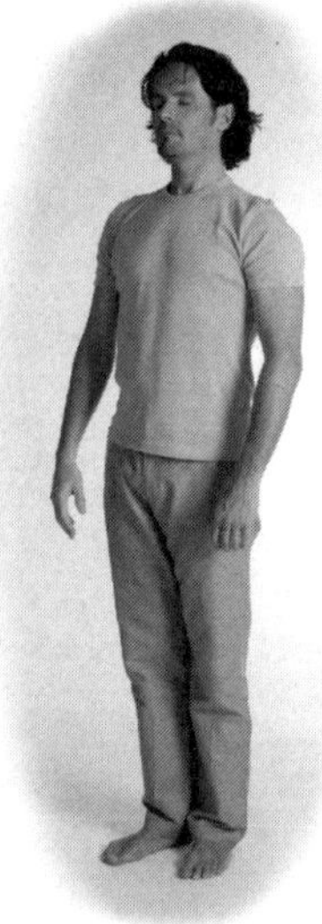

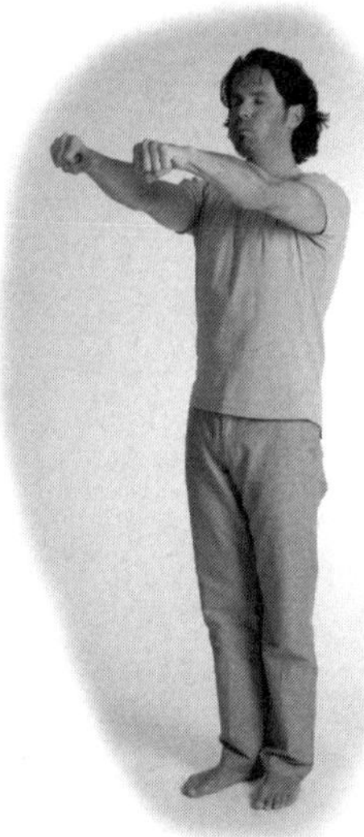

maximum (comme le fait Popeye avant de donner un coup de point).

3. Sur l'expir, vous donnez le coup-de-poing en relâchant toute la tension. Stoppez votre respiration quelques secondes, inspirez puis redescendez votre bras à sa position initiale sur l'expiration.

Faites ce processus trois fois de chaque côté puis trois fois des deux côtés en même temps.

Après chaque coup-de-poing, juste avant de reprendre la position initiale, prenez le temps de redéfinir le souvenir émotionnel négatif et de prendre conscience des changements.

LA PHRASE DU JOUR

« Si la parole que tu vas dire n'est pas plus belle que le silence, ne la dis pas. »

Proverbe soufi

Journée n° 25 « Ayez le dernier mot »

Voici la technique qui vous permet, à coup sûr, de toujours avoir le dernier mot et de tourner la page. Elle vous permet, en plus, de vous débarrasser de l'état interne limitant qui accompagne une situation que vous vivez comme problématique.

1. Prenez une feuille de papier et un stylo.

2. Puis écrivez tout ce qui vous vient à l'esprit en pensant à la situation à l'origine du problème. Déversez ainsi votre stress limitant comme on déverse des ordures dans une poubelle. Surtout ne gardez rien pour vous !

Évacuez tous ces détritus qui vous polluent, vous encombrent inutilement et consomment votre énergie…

Et pour être sûr de ne rien oublier, terminez votre « message » par la formule : « Et tout ce dont je n'ai pas conscience. »

3. Regardez globalement votre production, puis froissez-la, écrasez-la, déchirez-la, brûlez-la, maltraitez-la sans aucun ménagement…

4. Pour en terminer une bonne fois, jetez le tout dans une poubelle.

LA PHRASE DU JOUR

« Si vous ne trouvez pas une prière qui vous convienne, inventez-la. »

SAINT AUGUSTIN,
philosophe et théologien chrétien

Journée n° 26 « Envoyez bouler »

Malgré toutes les techniques que vous maîtrisez maintenant, il reste encore en vous un peu de stress limitant, de pensée parasite ou d'émotion négative ? Alors pour ne plus les subir et vous en débarrasser une fois pour toutes, vous allez définitivement tout « envoyer bouler » comme on envoie une balle de toutes ses forces dans le « chamboule-tout ».

1. Debout, fermez les yeux et respirez profondément.

2. Concentrez les tensions (colère, agressivité, rancœur…) en un seul point (poing) du corps, dans la main.

3. Inspirez profondément et contractez progressivement votre poing pendant trois à quatre secondes.

4. Une fois vos poumons remplis d'air, bloquez votre respiration quelques instants tout en serrant votre main très fortement, en prenant conscience du poids de l'énergie négative qui est enfermée à l'intérieur.

5. Puis, en expirant très fort par la bouche, d'un seul coup, rejetez cette boule d'énergie le plus loin possible de vous.

Recommencez si nécessaire le processus jusqu'à vous sentir bien, apaisé et détendu.

LA PHRASE DU JOUR

« J'ai trouvé ma devise – deux verbes auxiliaires : être vaut mieux qu'avoir. »

MARINA TSVETAEVA, poétesse russe

Journée n° 27
« Étirez-vous »

Quelques jours nous séparent encore de la fin de ce programme et nous allons les utiliser pour terminer en douceur notre voyage vers le mieux-être. Ainsi, tout au long de cette journée, vous allez, à plusieurs reprises, prendre le temps nécessaire pour vous faire du bien.

Le but du jeu est le suivant. Régulièrement et sans que cela soit apparemment nécessaire, stoppez votre activité, faites une petite pause, étirez-vous comme un chat et bâillez aux corneilles.

Cela permet à votre corps et à votre mental de prendre du répit, de se détendre, de se délasser, d'apaiser les tensions physiques et nerveuses, de faire baisser la pression, de récupérer, de recharger ses batteries…

Ces petites récréations sont à vous et rien qu'à vous. Ne les partagez pas et profitez de ces instants magiques pour apprécier le moment présent, pour vous recentrer, pour vous ressourcer, puis pour repartir tranquillement vers votre activité, en étant redynamisé et rempli d'énergie.

LA PHRASE DU JOUR

« Parmi la foule de ceux qui prétendent croire en Dieu, combien cherchent vraiment à l'imiter. »

ALEXANDRA DAVID-NEEL,
exploratrice française

Journée n° 28 « Chouchoutez-vous »

Nous ne sommes jamais mieux servis que par nous-mêmes ? Oui... Sans aucun doute. Du coup, pensez à vous chouchouter le plus souvent possible. Pour cela, vous devez prendre un peu de temps pour vous et rien que pour vous. Idéalement, vous devez le faire spontanément et à l'improviste sans attendre que cela devienne réellement nécessaire.

Mais si le temps vous échappe, vous devez le faire d'une manière différente et vous organiser.

Commencez, par exemple, par faire le hit-parade de vos manières préférées pour vous chouchouter ou vous faire chouchouter (faire du shopping, aller au cinéma, visiter une exposition, faire un sauna, prendre un bain de soleil, faire une sieste, vous faire masser, allez chez l'esthéticienne ou votre coiffeur préféré, etc.).

Vous prendrez ainsi conscience qu'il en existe une multitude et qu'elles sont souvent très simples à mettre en place. Aussi simple que de prendre quelques instants, dès maintenant, pour vous concentrer sur l'instant qui suit immédiatement la fermeture de vos yeux. Ressentez-vous ces ondes relaxantes qui vous envahissent peu à peu ?

N'hésitez pas à recommencer plusieurs fois jusqu'à ressentir ces ondes envahir votre être tout entier.

Il vous reste ensuite à planifier, dès aujourd'hui, votre décision, car ce que vous ne trouvez pas sur le papier de votre agenda, vous le trouverez encore moins dans la réalité.

Alors à vos marques, prêts, planifiez !

LA PHRASE DU JOUR

« Imaginez que vous vous donnez soudain le droit d'être furieusement heureux. »

ALEXANDRE JARDIN, écrivain français

Journée n° 29
« Lâchez prise »

Voici encore une occasion de prendre soin de vous…

1. Les yeux fermés, mettez en place une respiration ventrale calme et ample.

2. Relâchez les tensions de vos épaules et de votre nuque par quelques contractions et étirements.

3. Puis, formulez intérieurement une phrase apaisante comme par exemple : « Je me décontracte, je prends soin de moi, je lâche prise… »

LA PHRASE DU JOUR

« Qui d'entre vous peut, par son inquiétude, prolonger tant soit peu son existence ? »

JÉSUS, prophète

Journée n° 30
« Énergisez-vous »

Vous savez que, pour développer votre niveau d'énergie, vous pouvez notamment utiliser les techniques de respiration[8] présentées les premiers jours.

Mais vous pouvez aussi utiliser la visualisation et voici comment faire.

1. Debout, fermez les yeux et respirez profondément.

2. Puis imaginez-vous sous une douche d'énergie bienfaisante. Pour cela, prenez le pommeau de cette douche imaginaire dans votre main et aspergez-vous de ce « fluide énergisant », de haut en bas, comme vous le faites réellement lorsque vous vous lavez.

3. Visualisez cette merveilleuse énergie couler le long de votre corps et le nettoyer de toutes idées ou sensations négatives (comme l'eau ferait disparaître la poussière sur votre corps) pour laisser la place aux idées et sensations positives.

---

[8] L'oxygène est notre principale source d'énergie.

LA PHRASE DU JOUR

« Le vrai bonheur ne dépend d'aucun être, d'aucun objet extérieur. Il ne dépend que de nous… »

DALAÏ-LAMA, bouddhiste tibétain

Journée n° 31 « Félicitez-vous »

1. Allongez-vous sur le ventre, jambes légèrement écartées, les bras croisés pour accueillir votre tête.

2. Fermez les yeux et respirez profondément.

3. Puis, comme au cinéma, pendant une minute, laissez dérouler le film de votre journée en ne retenant que les instants les plus positifs, les plus agréables. Les autres moments passent sans retenir votre attention comme les nuages passent dans le ciel.

Une fois la séance terminée, félicitez-vous chaleureusement, car, en plus d'avoir terminé ce programme de trente et un jours, vous avez encore une fois vu la vie avec un œil positif et compris qu'à défaut de changer le monde, vous pouvez changer votre regard...

LA PHRASE DU JOUR

« En faisant scintiller notre lumière, nous offrons aux autres la possibilité d'en faire autant. »

NELSON MANDELA,
homme politique sud-africain

Le mot de la fin

Bravo !

Vous avez terminé votre apprentissage et vous pouvez à présent pratiquer librement et en toute autonomie.

N'oubliez pas que la régularité est importante et continuez de prendre soin de vous comme vous savez maintenant si bien le faire. Profitez de votre épanouissement, savourez la joie et le bonheur de l'instant présent et, pourquoi pas, accompagnez ceux qui veulent également s'épanouir.

Partagez votre expérience, proposez votre savoir, donnez votre amour pour apporter un peu de lumière et éclairer leur chemin. Faites briller votre lumière et répandez-la autour de vous pour permettre à ce monde de sortir de l'ombre.

Et oui, vous êtes aussi important que cela…

Glossaire

Hypnose

Du grec *hupnoûn*, endormir (Hypnos : dieu grec du sommeil), l'hypnose est un état de conscience modifiée, entre la veille et le sommeil, qui favorise la communication avec l'inconscient (perçu et utilisé comme un « grand grenier de ressources » qui stocke les souvenirs, les expériences et influence profondément notre comportement) et le rend plus réceptif aux suggestions, c'est-à-dire aux idées qui lui sont proposées par l'hypnothérapeute pour envisager une action.

Muscles lombaires

Muscles situés en bas du dos, de part et d'autre de la colonne vertébrale.

Somatisation

Si vous êtes en souffrance (mal dans votre peau, mal dans votre vie…) ou si vous avez subi un stress ou un traumatisme psychique, votre corps vous adresse des messages douloureux (par exemple, un mal de dos ou de tête, une tendinite, une allergie, des brûlures à l'estomac...) jusqu'à ce qu'ils soient entendus.

Si par malheur et malgré la douleur vous refusez d'entendre et de comprendre ce message, celui-ci se manifestera aussi longtemps qu'il sera nié et non écouté.

Dit autrement, la somatisation du corps est un message de celui-ci pour dire: « Tu ne te fais pas assez plaisir... »

Yin et Yang

Dans la symbolique chinoise, le yin et le yang représentent le couple d'opposés.

Le yin symbolise la féminité, le Nord, le froid, l'ombre (l'aspect nocturne donc le noir), l'humidité, la terre, etc., alors que le yang symbolise la virilité, le Sud, la chaleur, la lumière (l'aspect diurne donc le blanc), la sécheresse, le ciel, etc. Il ne s'agit pas d'une vision occidentale qui impose une conception duale du monde (c'est noir ou c'est blanc, c'est mal ou c'est bien, c'est bon ou c'est mauvais). Il s'agit d'une vision orientale qui ouvre à plus de nuance car dans le yin, il y a du yang et dans le yang il y a du yin. Dans l'ombre, il y a de la lumière et dans la lumière il y a de l'ombre. Dans l'un il y a le germe de l'autre et dans l'autre le germe de l'un.

Ces deux principes se trouvent donc dans un état de perpétuel mouvement qui les fait sans cesse échanger leur place comme dans une roue qui tourne indéfiniment.

Yoga

Cette méthode, à la fois spirituelle et corporelle, plusieurs fois millénaire (plus de 5000 ans), affirme qu'un corps sain est absolument essentiel pour l'évolution mentale et spirituelle. La plus connue en Occident est sans doute le **Hatha yoga** (vieux d'environ 1000 ans) qui discipline l'esprit et garde le corps dans un état de santé optimal, afin que le pratiquant puisse méditer mieux et plus longtemps.

Par la réunion du *ha* et du *tha*, c'est-à-dire l'union du yin* et du yang*, il harmonise les principes opposés, présents en nous, pour parvenir à la réalisation de « l'être unifié ».

Les postures, les exercices respiratoires et mentaux en sont les principaux outils.

Il existe quantité d'autres yogas et chaque style combine les postures, les exercices respiratoires et la méditation d'une façon plus ou moins énergique ou calme.

Zen (zazen et zafu)

Plus qu'une simple méthode de méditation, le zen est une philosophie qui mène à la réalisation de soi.

Il s'est développé au Japon dès le XIIe siècle en prenant sa source dans le *Chan* (philosophie bouddhique chinoise) qui prend lui-même sa source dans l'expérience de Bouddha qui réalisa l'éveil assis en posture de méditation il y a 2500 ans.

La posture de méditation assise est appelée zazen et un zafu (petit coussin rond sur lequel le pratiquant peut s'asseoir pour méditer) est généralement utilisé pour stabiliser la position.

Du même auteur

Livres

Éditions Jouvence – Suisse

L'essentiel de la PNL, à paraître en mai 2009.

Éditions Dangles – France

Coachez votre stress (préface du Dr François Louboff), 2005.

Dictionnaire des thérapies, méthodes de développement personnel et autres courants du mieux-vivre, 2005.

Éditions Be your dream – Allemagne

Petit bonhomme et la maison de l'amour (BD franco-anglaise), 2007.

CD

Bon voyage (interludes et mélodies de Lilo), Éditions Be your dream, Allemagne, 2009.

Le chemin (préface d'Anné Linden – Interludes de Lilo), Éditions Be your dream (Allemagne) et Coffragants (Québec), 2008.

5 séances de sophrologie – relaxation (5 CD), Éditions Be your dream (Allemagne), 2007.

Sophrologie – relaxation (double CD, 3 séances), Éditions Be your dream (Allemagne) et Coffragants (Québec), 2008.

DVD

Sophrologie – relaxation (3 séances en vidéo), Éditions Be your dream (Allemagne), 2009.

Achevé d'imprimer en juin 2015
sur les presses de la Nouvelle Imprimerie Laballery
58500 Clamecy
Dépôt légal : février 2009
Numéro d'impression : 505325

Imprimé en France

La Nouvelle Imprimerie Laballery est titulaire de la marque Imprim'Vert®